PATRICK HENIN

Une pellicule sur la tête d'un pauvre type

Cactus Inébranlable éditions

http://cactusinebranlableeditions.e-monsite.com/
N° d'éditeur - D/2019/12789/3
ISBN : 978-2-930659-96-1

Maquette, mise en page, infographie :
Styvie Bourgeois

Photo de couverture : Iris Henin - Graffiti
Berlin (détail)

Patrick Henin, mais qui est-ce ?

Voici un auteur qui a défaut d'une solide réputation, est de bonne rumeur.
En effet, après enquête, nous n'avons pu récolter que des « on dit ».
On dit ainsi qu'il est né au millénaire dernier dans la ville de Charleroi, et que d'après ce que certains affirment, il vivrait encore quelque part dans son pays de Hainaut.
On dit aussi qu'il porte plutôt la plume à son chapeau, les mains fort occupées à brasser l'air pour y découvrir on ne sait quel secret ou mystère (de l'art, de l'amour … ?).
On dit encore qu'il se dit l'un des derniers morosophes, mais comme le mot a disparu, personne ne sait vraiment ce qu'il veut dire.
On l'a dit tantôt, maître à songer (pourquoi songer et pas penser ?), tantôt bouffon ou pilier de la sagesse de comptoir (supprimer la ou les mentions inutiles), cerf aux abois (ou serf, l'enquête était orale), prisonnier politique du Forem, poète du dimanche ou à la petite semaine.
Il y en a même qui disent qu'il n'existe pas tout bêtement, c'est tout dire.
Le problème avec tous ces « on dit », c'est qu'on n'en sait pas davantage.
Alors puisqu'on ne sait rien en dire, autant le lire …

À ma fille, Iris.
Sème certaines de ces petites phrases
dans un coin de ta tête, mon enfant.
Ainsi, toute ta vie, tu pourras toujours
retrouver la trace de ton papa.

Il dormait chaque nuit dans son chapeau, et au matin il détalait comme un lapin.

L'avantage des artistes maudits c'est qu'ils sont constamment en pleine gloire.

On avait analysé un poil de sa moustache, c'était un poil de cul, et tout s'était soudainement expliqué.

Un raciste n'ouvre jamais son courrier, l'enveloppe lui suffit.

Fatalement, plus les vaches seront maigres, plus elles seront enragées.

Si la vérité est dans le vin, n'hésitons pas à ouvrir une autre bouteille.

L'homme est un être penchant.

Conseil existentialiste : plutôt que de te fatiguer à être ceci ou cela, fais néant !

Il lui avait demandé sa main, elle la lui avait accordée pour un soir.

Périclite était le dernier philosophe grec.

Mais si c'est dur à avaler, crachez-le !

C'est d'abord le mot liberté qu'il faudrait libérer des mots qui l'asservissent.

SDF, si vous en avez assez de coucher dehors, changez de nom !

Que celui qui exige des preuves d'identité prouve d'abord son humanité.

Donnez-moi un coin à l'abri, et je vous laisserai soulever le monde.

Dans ma vie, j'ai vu comme dans un tableau de Chagall, la mariée s'envoler avec le musicien et son violon.

Elle m'avait tant souri que j'ai cru longtemps qu'elle continuait.

Il vaut mieux faire l'amour plutôt que de le laisser faire.

Les pauvres ont l'estomac sous les talons des riches.

Il fallait le voir courir à toute vitesse pour éviter de faire cette connerie qui le poursuivait depuis des années.

C'est parce qu'on le mesure que le temps existe, autrement on s'inscrirait tout simplement dans une portion d'éternité.

Je conseille de croquer les pommes, uniquement pour vérifier.

Il fallut d'abord saccager la nature de l'homme, avant d'abattre les arbres.

Quand le cerf aux abois, acculé, entendit l'hallali, il se tourna vers les chiens de la meute et leur brama « collabos ! »

Nous sommes tous probablement achetés à crédit et nous devons payer les traites jusqu'à la retraite.

Dans les marais de Versailles, un ouvrier du palais, agonisant et délirant de fièvre, rêvait à la splendeur du Roi Soleil.

Il n'y a pas de fumée sans feu est le plus grand mensonge jamais osé.

Les vérités doivent se mêler à d'autres vérités car une vérité seule a une libido dangereuse.

Le diable se tient dans le bétail.

Plus on chiffrera le monde et plus les hommes iront chercher leurs mots ailleurs.

Une jolie prose a des rimes silencieuses.

On pourra bientôt implorer le ciel, il n'y aura plus un oiseau pour nous répondre.

Soyons rassurés, autour de nous, certains veillent à ce que plus rien ne manque d'intérêts.

La réalité est très éphémère.

Il reste encore quelques poissons dans l'océan qui encombrent l'espace dévolu à nos déchets.

Au spectacle, le ventriloque et sa marionnette apparaissent ensemble sur scène, mais pas en politique.

Bientôt, nous aurons tous la puce à l'oreille.

Le mouvement perpétuel se porte traditionnellement sur les nerfs.

Son cœur de pierre s'envola de son corps de marbre couché à côté de moi.

« Maman, j'ai fait caca ! » Dans ces mots d'enfants se tient une grande partie de l'histoire de l'art.

Ma mémoire a souvent une pointe d'accent italien.

Derrière mon visage, il y a une longue lignée de gueules noires.

« Rappelle-toi le singe que tu étais et redoute l'homme que tu deviens », ainsi furent les dernières paroles du rhinocéros blanc, prononcées avant de s'éteindre à jamais.

Si on ouvrait plus souvent les yeux, le jour porterait aussi conseil.

Il faut rire de tout ce qui ne nous fait pas jouir.

Autrefois, un oignon de tulipe a failli bouleverser la société. Ensuite, on a essayé avec une rose, des œillets, du jasmin, et ça fonctionnait encore. Pourquoi a-t-on oublié aujourd'hui le langage des fleurs ?

Chaque époque saupoudre quelques mots dans le bec de ses oisillons.

L'amour, ça s'apprend sur le tas !

Mais non pas carpe diem c'est déjà dépassé, tentons plutôt de profiter du futur proche.

Pour tuer le temps, il suffit d'appuyer sur la détente.

C'est fou ce que l'homme fait désordre dans la nature.

Il faudra penser à changer le monde car là, il a fait sous lui.

Il était monté sur roulettes avec une ficelle autour du cou, et il pestait chaque matin dans les embouteillages.

Rectification ! c'est en crevant la coque de l'œuf avec le dos de sa cuillère, qu'elle vit surgir le serpent pour la première fois.

Celui qui a inventé la vie aurait dû penser aux conséquences.

Ce soir-là, il avait mis son alliance à l'index.

Nous sommes, chacun d'entre nous, beaucoup trop nombreux dans la pensée des autres.

À la bourse, salaire ne mérite pas travail.

Qui veut voir loin doit s'approcher.

Sur une toile blanche, il y a de la place pour toutes les couleurs.

Ce spectacle m'a fait rêver, dit-il en se réveillant.

Plus les riches seront riches et moins les pauvres seront pauvres, on peut dire ce qu'on veut mais pas une seule religion n'avait osé la faire celle-là !

On aurait dû vérifier la qualité du terrain avant de planter les piliers de la sagesse.

C'est quand même une main de masturbateur effréné qui vous met l'hostie à la bouche.

Étrange carnaval, il n'y a plus personne derrière les masques.

C'est étrange comme l'angoisse du coup de grisou passe les générations.

Il faudrait prendre ses précautions avant de pénétrer plus avant dans le futur.

Attention, réaliser ses rêves, c'est aussi les faire tomber dans la réalité !

Un conseil : montrez-vous futile et joignez-vous à l'agréable.

À chacun de passer au-dessus de l'autre, c'est le jeu de saute-mouton.

Après avoir pris les douze coups de minuit, la première heure fut complètement sonnée.

Est-ce que les hommes ont bien compris la symbolique de l'agneau mystique à le dévorer ainsi au barbecue ?

Le chauvinisme n'a pas de frontières.

Qu'est-ce qu'une opinion, sinon un aveu d'impuissance ?

Mais cessez de vous battre, on vous a menti ! Il n'y a pas qu'une vérité pour tous, chacun aura la sienne !

Je tiens à féliciter les maçons des différentes facultés de philosophie, leurs murs sont totalement étanches.

Mais que tous ces gens s'hypothèsent !

Si cela continue, une coquille de noix suffira pour le prochain déluge.

Le temps des gens est occupé et il y en a peu qui résistent.

La véritable explication de « ceci n'est pas une pipe » est depuis l'origine du tableau soumise à la censure.

Si l'univers est en extension, c'est tellement que la terre sent mauvais.

Elle m'avait donné l'épreuve de son amour.

Pour les hommes, les chats noirs portent malheur. Pour les oiseaux, qu'importe la couleur !

L'amitié est un amour vertical et l'amour une amitié horizontale.

Quand l'alternative sera suffisamment large et profonde, le monde tombera dedans.

Si chaque matin, on enlève les œufs des poulaillers, c'est pour que les poules s'engraissent sans avoir à se casser la tête sur des questions qui les dépassent.

Elle souriait aux audacieux, on aurait mieux fait de l'appeler la chance plutôt que de l'injurier.

Quand est-ce que les mots couchés sur le papier se lèveront et marcheront dans la rue ?

Sincèrement, j'ai peur qu'on passe pour des guignols dans le futur.

Ils avaient commencé par échanger des petits mots, à présent il ne restait que les gros.

Quand il vit le dernier troupeau d'éléphants, il fut très fier d'être le dernier à voir un troupeau d'éléphants. Ensuite, il épaula.

Chaque jour, on repeint les couleurs de sa vie du pied où on se lève.

J'aurais aimé aussi avoir la queue en tire-bouchon, elle m'aurait été bien utile certains soirs.

Si les moutons devaient voter, ils éliraient le berger.

Autrefois, on pouvait arrêter les pendules, malheureusement la loi a changé.

Soldats, ne vous laissez pas abattre !

L'enfance, c'est quand on ne sait pas encore qu'on deviendra adulte. Après, c'est foutu !

Dieu a jeté les hommes par poignées sur la terre pour semer le doute.

Nous avons un bolide dans le crâne mais la vitesse est limitée.

On sent comme une lassitude chez les hommes, ils sont pressés d'en finir.

Sur cette photo, ma mère a le visage d'une petite fille que j'aurais aimé conduire à l'école.

Celui qui compte sur moi n'a qu'à s'occuper de ses affaires.

Souvent, chez un artiste, le problème n'est pas l'inspiration, mais le traitement des déchets.

Elle avait une qualité rare, la mémoire des baisers.

La ligne d'un sourire est ce qu'il y a de plus complexe à déchiffrer.

Celui-là avait tout de la vache, il ingurgitait ses mots, les régurgitait et puis les mâchait de nouveau, on l'appelait l'étable des matières.

Qui redoute la sonnerie de son réveil n'a pas peur de la mort.

Partout où j'arrive, je commence par adopter un bistrot.

Le problème dans je t'aime, c'est que le « t » est élidé et que le « je » reste entier.

Si vous trouvez du boulot, c'est que je n'en cherche pas.

L'utopie est notre capacité d'imaginer que nous pourrions vivre ensemble sans le pouvoir ni la cupidité, c'est donc un plaisir solitaire.

Dans un panier d'oranges de gille se trouvait une mandarine et plutôt que de la lancer comme les autres, il la jeta dans une poubelle.

Elle continua avec son petit bonhomme sur son chemin.

Aime le mot dit !

Le Nouveau Monde c'est quand les habitants de l'Amérique ont découvert Colomb.

Le jour où Platon eut mal au doigt, il ne pensa plus qu'à son doigt.

Quand deux regards s'échangent, ils se prolongent.

Commençons par être athées, on verra bien après !

Il avait perdu ses dernières rancunes, un jour de grand vent, en automne.

Ah, que l'homme a changé quand il a découvert la gravité !

Toutes nos questions restent en suspens, forcément on ne pose que des réponses.

Je l'avais écouté toute la soirée débiter ses conneries et quand enfin il conclut par « et tout le reste n'est que littérature », je me sentis soulagé.

Si leurs couilles apparaissent tant dans leur conversation, c'est souvent parce qu'ils ne savent pas les mettre ailleurs.

Si je fume, c'est parce que j'ai du temps à perdre.

Le cocktail Molotov brûle au palais, il vaut mieux le jeter.

Les hommes ont la folie des grandeurs, c'est un petit dieu de poche qui leur serait utile.

Avancer, cela signifie que le chemin qui était devant est passé derrière.

C'est plutôt à la deuxième personne du singulier qu'il faut parler, les autres n'écoutent pas.

Dieu a créé le monde en six jours, on a quasiment tout saccagé en un siècle, il faudrait cesser avec ce culte de la performance.

Je t'ai donné ma main, pas les deux, lui précisa-t-elle.

Je suis un dialecticien, c'est au troisième verre que je retrouve mon équilibre.

Ce que j'aimais dans sa poitrine, c'est que ses seins n'étaient ni en pommes ni en poires mais en yeux, c'était une poitrine qui avait un regard.

J'aime ce petit goût de déjà vécu qu'il y a dans l'amour.

Avant qu'elle s'en aille, j'ai creusé un trou dans sa mémoire et je m'y suis caché.

La vérité court après l'éternité en prenant soin de bien effacer ses traces.

C'est dans l'instant présent qu'on arrive à superposer l'infiniment grand et l'infiniment petit.

Nous avons tous un entonnoir sur la tête, certains le voient, d'autres pas.

Non, je ne me rendrai pas à leurs évidences.

Il y a des gens qui feraient mieux de se taire et d'autres qui devraient parler. Nous sommes dans une cacophonie à l'envers.

En tout cas, il y a une bonne nouvelle pour les gros porteurs, le commerce des indulgences a repris, et sous le contrôle de l'État cette fois.

Soyez aimables, serrez la main du mendiant qui vous tend la sienne.

C'est dommage chez l'homme cette tendance à prendre de mauvaises hébétudes.

C'était un grand architecte, il avait conçu un building comme un immense miroir qui reflétait le ciel en entier. L'illusion était parfaite, la preuve, les oiseaux s'y fracassaient tous.

C'est d'abord par un coup de hache qu'on devient sapin de Noël.

Quand on quitte l'amour, il ne faut pas oublier de l'éteindre en sortant.

Un régime politique c'est quand les repus imposent la disette.

Il avait toujours une petite cuillère dans la poche pour se ramasser les mauvais jours.

Chaque jour à l'heure de pointe, la peur traverse les rues et les gens s'enfuient affolés.

La méchanceté est la capacité d'effacer le tain des miroirs.

L'encodage commence par la récitation des tables de multiplication.

Un philosophe c'est celui qui est entré dans le labyrinthe sans être d'abord passé par les bras d'Ariane.

Partout où je suis, je boucle mon tour du monde.

Les hommes n'ont tout de même pas assez de mains pour se les coller à la fois sur la bouche, les oreilles, les yeux, et maintenant aussi le nez.

Mais qu'y a-t-il dans les substances profondes de l'amour et de l'amitié, pour que le temps soit nocif à l'un et bénéfique à l'autre ?

Mon dieu que je suis content ! Mais je n'irai pas plus loin ...

Les absents ont toujours tort et vous en aurez la démonstration partout où vous n'êtes pas.

Les hommes ne seront jamais à la hauteur de la réputation que les chiens leur ont faite.

Il paraît qu'il faut être un guerrier, c'est-à-dire se montrer impitoyable selon les ordres reçus. C'est drôle comme il y a là une impression de déjà vu, déjà connu ...

Chaque matin, en suçant sa barre d'or, il rêvait d'un morceau de pain et d'un verre d'eau fraîche.

À cœur vaillant rien de possible dans les affaires !

Nous vivons avec les yeux de notre avenir rivés sur nous.

Qui a dit aux enfants qu'on pêchait les canards ? Après, on s'étonne…

Toutes ces batailles, et pas une seule goutte de son sang versée. Je comprends l'admiration qu'éprouvent certains pour Napoléon.

Ah, s'il pouvait rester quelque chose qui n'ait pas un mot pour le dire !

Il y a des jours où j'ai envie de m'accrocher au porte-manteau et d'attendre que ma veste sorte du bureau.

En suivant le guide, c'est fou ce qu'on apprend sur soi-même.

Avec le réchauffement, un ours brun rencontra une ourse blanche, mais ni les ours blancs ni les ours bruns n'acceptèrent leurs petits.

Un vieil ami, c'est celui qu'on préfère enterrer à sa place.

Il était rentré avec quelques verres dans le nez, et sa femme par d'habiles questions les lui avait tirés.

Celui qui laisse des traces partout où il passe ferait bien de s'essuyer les pieds de temps en temps.

Quand elle m'a confié qu'elle était aveugle parce qu'elle n'avait pas de muscles aux paupières, je compris que je n'étais pas au bout de mes questions.

Un oiseau ne chanterait plus s'il savait qu'un jour il aura probablement du plomb dans l'aile.

Sur le ring de l'avenir, l'homme est proche du chaos.

Il lui avait suffi de quelques mots drôles pour se plier en quatre et passer par la boîte aux lettres.

C'est dans l'amour que beaucoup perdent leurs illusions, c'est pour ça qu'il en est tant chargé.

Il s'était tu, menacé de mon point de vue.

Quand on pense que Gargantua est né pendant une crise de diarrhée de sa mère après qu'elle eut avalé une énorme marmite de tripes, c'était quand même une autre époque.

Qu'à cela ne tienne, puisque ce poirier avait poussé à l'envers, ses racines plongeraient dans le ciel et ses branches prendraient appui sur la terre.

L'homme est un papillon qui subit d'immenses pressions pour rester à l'état de chrysalide.

Comme il s'était déguisé en pied avant de lui foutre dans le cul, elle lui avait mis la main en plein dans la gueule de son pantalon.

Elle avait un immense pouvoir de réduction.

Il y a peu, dans le sud des États-Unis, pendaient aux arbres des fruits étranges.

Oui, mais être d'un rang supérieur ou pas, c'est toujours être dans les rangs.

Son cerveau était monté sur une bonne paire de jambes, il fallait toujours qu'il aille voir.

Dans cette ville à l'ouïe fine, on pouvait dessiner avec exactitude le parcours d'une confidence.

J'ai un don, j'entends des voix qui viennent de l'avenir, par exemple « Mais quel est donc le crétin qui a été enterrer un fût de déchets nucléaires dans mon jardin ? ».

Il faut apprendre aux enfants à obéir à ceux qui nous donnent des ordres.

Pour ma part, je crois surtout que les intégristes ont du mal à respecter l'avis d'autrui.

Rien n'est plus beau que les barrissements désespérés au fond des bijoux et des sculptures d'ivoire.

À force de hausser les épaules, il avait attrapé un hoquet qu'aucune peur ne pouvait plus lui faire passer.

C'est l'histoire d'un poisson qui polluait allégrement l'eau dans laquelle il vivait, et des hommes l'observaient avec le plus grand étonnement.

Le tigre se promenait très fier dans la jungle, car après avoir mangé un homme, il s'était fait un joli manteau de sa peau.

Je crains que les rêves soient un péché une fois au paradis.

La nuit, il y en a qui feraient mieux de dormir à poings fermés, les rues seraient plus sûres.

Je suis pour la libre expression et circulation des idées et des opinions, mais sans oublier le préservatif.

C'était agaçant, chaque matin en tirant les rideaux, il constatait que le paysage derrière sa fenêtre avait été effacé et qu'il devait tout recommencer.

Souci de patrimoine : si à côté des palais, il y a des taudis, c'est pour les mettre en valeur.

Un écrivain qui s'engage, c'est le père la chaise qui se lève.

La jeunesse est élastique ; si on s'y prend bien, on peut l'étirer sur toute une vie.

Attention, celui qui tient le haut du pavé n'a pas une bonne prise, on pourrait lui arracher très facilement !

L'esclavagiste se doit d'être raciste, c'est un problème de conscience.

Mais d'où vient cette manie de vouloir niquer toutes les mères, il serait plus simple de demander gentiment à quelqu'un de son âge.

L'homme devrait être un explorateur de tout ce qui dépasse ses conditions.

Comme on finira tôt ou tard par se dévorer les uns les autres, on ferait bien de songer déjà à nos futures recettes.

Les rêves de la nuit sont bien plus reposants que ceux du jour, ils n'ont pas toutes ces exigences d'être exaucés un jour !

Quand nous convaincrons-nous qu'il n'y a que le sommeil de sacré !?

Après la dispersion des cendres, on le vit marcher sur la mère morte.

Non, on ne noie pas ses problèmes dans l'alcool, on les enivre tout simplement.

Tout comme Marx n'était pas marxiste, il serait bien que les hommes ne soient plus égoïstes.

Il ne suffit pas de balayer devant sa porte, il faut aussi faire le ménage derrière.

Chaque matin, avant d'aller travailler, il vomissait un oiseau.

Dès que ma bouche est immobilisée, mon dentiste me tutoie.

Un grand « oui » c'est fait de plein de petits « non ».

Comme il n'avait pas trouvé de plat à barbe, il s'était mis une vieille bassine à confiture sur la tête, et sincèrement c'était plus drôle encore.

Il y a deux catégories d'enfants qui jouent sur la plage, il y a ceux qui bâtissent des châteaux de sable, et d'autres qui creusent.

Il avait d'immenses plantations de points d'interrogation, avec la mer qui s'étalait derrière.

De nos jours, les verbes coûtent de plus en plus cher : naître, mourir, manger, boire, se loger, se chauffer, s'éclairer, se soigner, se déplacer ... On n'aura bientôt plus les moyens de composer sa phrase.

L'enfer est pavé de boules de cristal, car connaître notre avenir est bien ce qui pourrait nous arriver de pire.

La nature a horreur du vide, mais l'homme pas !

De tous les pays du monde, il n'y en a qu'un seul où je reviens constamment. C'est uniquement pour ça qu'il est le mien.

Il y a quelque chose dans le regard des animaux qu'on ne voit pas dans le regard des hommes, à moins que ce soit le contraire !

Quand sa tête était sortie de sa mère, il s'était dit que c'était suffisant et qu'il n'irait pas plus loin, et depuis lors il vivait très bien ainsi.

Dans le passé c'est passé, l'avenir ne s'est pas encore passé, et le présent est trop court entre les deux, mais alors dites-moi où elle est cette fameuse réalité dont on parle tout le temps ?

La main invisible des libéraux se met aussi à votre cul.

La plupart des grands artistes ont tenu bon.

Le mariage c'est le repos de la guerrière, me disait un vieux monsieur à qui on ne la faisait plus.

Si au commencement était le verbe, c'est que déjà il n'avait rien à dire.

Méfiez-vous du présent, il est éternel !

Ces deux-là, il fallait qu'ils s'emboîtent régulièrement et se rechargent mutuellement pour rester en état de marche.

Les agnostiques refusent de hurler avec les loups, mais ils aboient quand même.

Il avait le cœur des autres sur la main avec les doigts repliés en poing serré.

Elle était si confortable que je n'en suis pas revenu.

Il faut repousser nos limites pas les dépasser, autrement notre ignorance bascule dans la croyance.

Lapalissade est le bout du chemin du penseur.

Celui qui espère doit aussi désespérer, le champ des possibles est plus large.

Le cerveau est comme l'estomac, ce qu'il ne digère pas, il le vomit.

Ce n'est pas la lanière du fouet qui asservit, c'est le manche.

Les petits garçons tentent toute leur vie de retourner dans le ventre de leur mère, et pourtant ils voient bien que ça coince.

Oui, on pouvait reprocher à Diogène de se masturber en public, mais ceux qui le font en privé, oseraient-ils dire à leur empereur « Ôte-toi de mon soleil » ?

Prenons garde, dans l'émeute aussi on trouvera des loups.

Les pensées qui survivent se rassemblent en jeux de mots.

Le grand secret de la réussite de la religion chrétienne, c'est que le christ lui a été tout de suite hérétique, mais il ne faut pas le dire puisque c'est un secret.

Qu'est-ce que la justice immanente ? C'est quand bientôt un virus dans l'homme vengera tous les éléphants !

La misère sexuelle c'est quand on confond son origine, telle que la peignait Courbet, avec une finalité de pornographe.

Qu'un homme pèche ou pêche, c'est toujours avec un ver qui frétille !

L'amour ne tient en équilibre que sur un frémissement.

Qui veut changer sa vie n'a qu'à prendre le temps de regarder un enfant manger une glace.

Si ta flûte est traversière, tu la retrouveras de l'autre côté de la rue.

Dans une course, il y a un gagnant et plein de perdants, car si c'était le contraire, cela n'intéresserait personne. (En confidence, il est là le secret du capitalisme !)

Tout et son contraire, voilà encore une définition de l'homme.

On ne se lasse pas de tout, mais on se plisse de partout.

Il y a du pour et du contre qui se taisent dans le silence.

Ce vieux monsieur aimait à répéter qu'il s'appuyait sur une canne, qu'il avait achetée au marché aux puces et qui était beaucoup plus âgée que lui.

Dès qu'une question naît, on lui colle vite le bâillon d'une réponse sur la bouche.

Un seul sujet reproduit à l'identique, voilà l'humanité selon certains.

L'homme a pris un mauvais chemin et plutôt que de faire demi-tour, il passe son temps à justifier son erreur.

Dans un village où les gens vivaient paisiblement, au cœur d'une vallée fertile, un matin ensoleillé, il arriva tout sonnant et trébuchant ...

Le bonheur c'est comme la peinture, dans un pot ça ne sert à rien.

Si devant c'est la fin, faut pas s'étonner qu'on tourne en rond.

Mais non, ce n'est pas à la taille du pinceau que l'on mesure le chef d'œuvre !

Que de temps perdu à ne pas faire l'amour !

Si l'attribut est le pouvoir, à quand un monde d'épithètes ?!

C'est fou tout ce que nous devons surmonter pour porter secours à notre prochain. Chez le dauphin, c'est quasiment un réflexe, c'est bien la preuve que c'est un animal et que nous sommes d'une texture plus complexe.

Nous sommes très probablement une erreur d'aiguillage.

J'ai eu de la chance de tomber sur toi, hein, maman ! [1]

Et on voudrait nous faire croire que si nous avons des pieds, c'est pour acheter des chaussures.

Chaque matin, je ressuscite et personne n'en fait toute une histoire.

Prenons l'air tant qu'il est encore temps !

Si les hommes ont tant rêvé de voler, c'est pour chier sur la tête des passants.

C'est effarant tous ces chiffres sans connaître les règles de calcul.

---

1 Celui-là je l'ai piqué à ma fille.

Dans les guerres, les hommes s'entretuent parce qu'ils n'osent pas faire autrement.

Si on crie en naissant et qu'on meurt en silence, c'est pour prouver qu'on a bien appris à se taire dans l'intervalle.

Le bonheur n'a pas de patron, je veux dire par là qu'il n'existe pas de modèle à reproduire.

Dans ce village africain, les femmes allaient chaque matin, la calebasse sur la tête, acheter de l'eau au robinet de la multinationale.

Comment ferait-on pour penser sans tout ce fatras de mots ? Je me dis parfois que nous avons chez les sourds-muets, la source d'un nouveau monde, et que nous ferions bien de nous y intéresser.

À présent, j'en ai assez des points d'interrogation, il est temps de passer aux exclamations.

Il y a des soirées où l'on regrette que sa chaise ne soit pas percée.

L'éternelle jeunesse c'est quand l'âge dort.

Mes diplômes ne m'ont jamais rien apporté d'autre que le souvenir arrosé de mes études.

S'il me restait trois sous, je les partagerais avec un pauvre, disait un riche, mais heureusement je suis encore loin du compte.

« Après Auschwitz elle n'avait eu que des ennuis » écrivait Gary d'un de ses personnages. Dans tout ce que j'ai lu, c'est ce qui m'a fait le plus sourire … c'est tout dire !

J'ai un agenda noir, dans le fond d'un tiroir, où j'ai noté les pires dates de mon existence, c'est ma pierre de rosette.

Qui mange un œuf, ne mangera pas le poulet.

On peut les secouer comme des pruniers, tout reprend rapidement sa place, c'est le principe d'inertie qui veille à l'ordre des choses.

Cette femme porte un masque neutre en toutes circonstances, c'est son côté théâtral.

À tout bonheur, sa goutte d'acide !

Il bâillait aux Molières, mais personne ne riait.

Il est interdit de venir en aide à la démocratie maintenant qu'elle a perdu son permis de séjour.

Il est temps d'entamer le grand nettoyage de printemps, le lilas arrive.

Ma lampe de chevet est mon soleil privé.

Minutieux, avant de parler, il commençait toujours par nettoyer scrupuleusement ses mots de leurs ambiguïtés. Il tenait à leur garder un sens propre.

Cette fenêtre fut condamnée pour avoir laissé entrer le soleil avant l'heure autorisée.

Celui qui n'a pas un rond se retrouve irrémédiablement dans un cercle vicieux.

À vivre de l'air du temps, on vieillit prématurément.

Le coup du lapin, c'est quand les carottes sont cuites.

Après son divorce, il avait cherché en vain où il avait enterré sa vie de garçon.

Moi aussi je peux jouer au con, mais il faudrait d'abord qu'elle le veuille bien !

Il avait réussi dans la vie, son ballon rouge s'était envolé parmi les hautes sphères.

Je veux bien que la mesure soit pleine, mais ils n'avaient qu'à prendre un plus grand récipient.

Dans le panier de pommes, il y avait une queue de cerise pourrie.

Il avait tellement prêché pour ses seins, qu'il avait dû en partager le culte.

À force de s'aplatir, maintenant on lui marchait dessus !

Qui a sorti le premier la connerie qu'il y avait une loi dans la jungle ?

On lui avait arraché son cœur d'or pour une transplantation dans un coffre-fort.

Depuis qu'il était chômeur, il en avait plein les bottes de ses pieds.

Pouvoir et pour voir, entre les deux un petit r de liberté.

Si on vivait chaque seconde, la vie serait plus longue.

Marchez pieds nus, au moins vous ferez attention où vous mettez les pieds.

Ce prédicateur est timbré, c'est le cachet de la poste qui en fait foi.

Si vous tendez l'oreille, il y a un bruissement au fond des choses, je pense que c'est une clameur, encore éloignée mais qui approche.

On lui avait dit qu'il ne pouvait pas tomber plus bas, et pourtant il semblait avoir relevé le défi.

D'acheter sa liberté à gagner sa vie, on finira par se sentir importun dans ce monde.

J'ai souvent l'impression d'avoir été projeté dans l'avenir, au hasard, n'importe où, sûrement par une plaisanterie de mauvais goût.

Nous vivons dans une société où les voleurs de portes et de fenêtres des maisons courent les rues.

Ceux qui confondent sexualité et reproduction ne comprennent rien à la gastronomie ni à l'ivresse.

Pour comprendre quoi que ce soit, il faudra d'abord tout désapprendre.

Il se vantait de l'avoir tirée, le con ! Pourtant, je venais juste de la voir passer et il l'avait encore ratée.

Leur mer était polluée, mais ils s'en moquaient, ils avaient gagné assez d'argent pour s'en offrir une toute neuve, toute bleue, avec plein de poissons dedans.

Quand on lui montre la pollution atmosphérique, les sols empoisonnés, les risques nucléaires..., le politique regarde la cigarette.

Malgré l'âge, il avait gardé toutes ses facultés de nuisance.

Je l'aime, un peu, beaucoup ... disait-il en effeuillant la marguerite. Mais que penser de quelqu'un qui torture une fleur par amour ?

Les chants désespérés sont les plus beaux, à condition que ce soit les autres qui chantent.

Sais-tu de quelle chair je me chauffe ? criait un arbre à un promeneur apeuré.

On ne se rend plus compte de nos jours à quel point l'interdiction de travailler des enfants a pu nuire à la compétitivité de nos entreprises.

Soyons des escargots, portons notre maison sur le dos et avançons lentement !

C'est quand le cerf confia au cheval qu'il avait froid parfois, que tout a commencé à se gâter.

J'ai vu un âne refuser de traverser un pont et après l'avoir battu en vain, les hommes qui l'accompagnaient l'ont porté.

Il avait fait des cauchemars toute la nuit, la veille il n'avait pas eu sa dose de meurtres à la télévision, une crise de manque.

Voilà des heures qu'ils tentaient de coller leur affiche sur un mur qui n'existait plus.

À la bourse des valeurs, la nature est complètement fauchée.

Il suffirait parfois d'un jour de plus pour que l'éternité commence.

Le diapason du con est une jolie expression. Mais de quel con parle-t-on ?

Il n'avait pas de méfiance, il croyait tout ce qu'il pensait.

Ils sont épuisants ces gens qui vous disent tout ce qui leur passe par la bête.

La Grèce a inventé la démocratie, il fallait s'attendre à des mesures de rétorsion.

Nos rêves prouvent que chacun est passé maître dans l'art de la dissimulation.

On passe sa vie à suivre les traces de nos premiers pas.

Laisser vivre les autres est incompatible avec leurs convictions morales.

La situation est donc si grave qu'il faut apprendre à se vendre soi-même ?

L'homme a une capacité d'adaptation inouïe, d'ailleurs il ne tardera pas à disparaître.

Cet immeuble à bureaux vitrés était l'attraction de la ville. Des attroupements se formaient sur le trottoir, les badauds étaient fascinés par cet aquarium géant.

Qui veut installer le ciel sur la terre commet un acte contre nature.

C'est dans l'angle mort de la société que s'ouvrent les perspectives d'avenir.

Pour ceux qui n'ont pas encore compris, le péché originel n'a rien de sexuel.

Il y a des mots qui martyrisent ceux qui ont le malheur de se mettre à côté, comme un médecin nazi ou même la musique militaire.

Il y a tellement de bouteilles à la mer aujourd'hui, que c'est elle qui appelle au secours.

Tous les doigts qui se sont mis un jour dans l'engrenage portent un anneau.

Celui qui rêve remplit les crevasses du réel.

On lui devait une fière chandelle, on lui brûla un cierge.

Celui qui n'a pas son bouffon dans le cerveau me fait peur.

Et c'est reparti de plus belle, la naissance est de nouveau un coup de dés au casino.

Je fus impuissant à lui dire que j'étais désolé, mais qu'elle n'avait pas le goût de ma femme.

Je viens de voir un enfant sauter dans une flaque d'eau sur le trottoir, cela m'a fait un bien fou.

Il faut voir comment on traite la philosophie dans un traité de philosophie.

Derrière une vieille tenture, il avait caché son nécessaire de voyage : un jardin entouré de vieux murs, un arbre plus que centenaire, quelques souvenirs d'enfance, un chagrin d'amour et une bonne vieille paire de chaussures.

Le seul échec qui vaille dans une vie, c'est de n'avoir pas réussi à se créer un petit espace bien à soi au fond de soi.

L'art c'est la pensée de la forme quand elle se tourne vers le fond.

Quand on donne sa langue au chat, il ne faut pas s'étonner qu'il l'avale.

Il avait remué ciel et terre, battu la campagne, forcé sa nature, pour se faire un peu de blé.

Il sonna, il cogna, il démolit la porte, on ne lui ouvrit pas.

J'ai lu quelque part que Wall Street était à l'origine la rue des Wallons. Serait-ce notre terre promise ?

Au commencement, le diable a jeté ses mâles et fils sur la terre.

Nous savons enfin aujourd'hui à quoi ressemble le but de l'homme : deux montants, une barre transversale et un filet.

Pour une bonne hygiène d'existence, il faut régulièrement se mettre aux verres.

Ne prêtez pas votre oreille à qui ne vous écoute pas !

Faute de grèves, on avalera des couleuvres.

L'horizon n'est pas contrariant, il s'installe exactement là où notre regard veut bien le mettre.

Il était tellement jaloux qu'il lui avait collé un panneau de sens interdit sur le sexe.

C'est quand même idiot d'avoir appelé le sexe de la femme un con, forcément il attire ses semblables.

Il faudrait cesser de conseiller aux gens de compter les moutons pour s'endormir, après ils s'identifient.

Dans le sac de l'aspirateur de nos vies, c'est plein de poussières d'étoiles.

Nous sommes celui qui nous dessine.

Le cœur, les poumons, le foie sont des organes principaux chez l'homme, par contre ce ne sont que des abats chez les animaux. Quand on vous parle de vanité !

C'est étrange comme la conversation est plus apaisée quand on a déjà fait l'amour ensemble.

Conter et compter, les hommes se sont partagés. C'est là tout le problème de l'oralité, le message révélé prête à confusion.

J'aurais aimé être cette petite touche de couleur sur l'immense tableau, mais je crains parfois d'être resté collé au fond du tube.

Chaque soir, il s'endormait pour reprendre le cours de sa vie parallèle.

Comment aurait-il pu deviner que c'était dans un pot de gelée de groseilles qu'il retrouverait la trace de son enfance ?

Ce n'est pas d'un idéal dont l'homme a le plus besoin, mais de sortir de temps en temps dans le jardin.

Combien ça rime à rien.

On bourra la volière d'oiseaux, histoire de ne plus distinguer un seul chant.

Il aimait passer la tête par-dessus la clôture de son intelligence.

Ermite, si tu entends une voix dans ta solitude et le silence, c'est probablement la tienne.

Il ouvrit grand la bouche et le train passa, car moi aussi je peux faire du Magritte.

On ne voit pas bien le bonheur quand il est trop près, il faut qu'il s'éloigne pour le distinguer plus nettement.

Le désert a des limites, mais l'homme marche à petits pas et se fatigue vite.

La poésie, c'est la richesse que chacun pourrait acquérir s'il consentait à échanger ses chiffres pour des mots.

Ils ont jeté le bébé et ils ont gardé l'eau du bain, voilà à quoi nous mène la surpopulation et la désertification !

On dit qu'il n'y a pas assez de mots pour décrire les souffrances des petites gens, c'est sûrement pour ça qu'elle n'apparaît pas dans les livres d'histoire.

Tout s'organise ! Avant, on vidait son sac dans la rue et cela faisait désordre. À présent, chacun a sa boîte connectée pour le traitement de ses humeurs.

Il y a vraiment quelque chose de plus à faire avec l'homme que nous sommes.

Devant nos aspirations, c'est plutôt la poussière qui doit craindre d'être mordue.

Ce n'est pas en baissant la tête que ça vous passera par-dessus !

Elle ne vaut pas la pleine, dit-il en regardant sa bouteille vide.

Il y a des cons qui gardent aussi un souvenir amer des babouins.

Quand on le pendit, on aurait dû faire un nœud à la corde pour ne pas oublier cette injustice.

Il est sûr qu'une hirondelle abattue ne fera pas le prochain printemps.

Ma pensée passe tout son temps, indécise, devant son miroir, dès qu'elle émet une idée, son image inversée apparaît.

À la maison de retraite, devant son café noir, il fallait voir cette vieille dame aux mains tremblantes, tenter de déballer son morceau de sucre et d'ouvrir sa capsule de lait.

En entrant dans son bain, elle avait senti une poussée de bas en haut, c'était Archimède qui n'était pas encore sorti de la baignoire.

Méfiez-vous de l'eau qui dort, elle peut rêver de vous noyer !

Entre l'infini et l'éternité, passe le fil du temps.

Dans le jeu de la pensée, la théologie a introduit le joker, celui qui peut remplacer n'importe quelle carte.

Trop tard, il n'y a plus de place, leur avait-on dit là-haut par le judas.

Si l'électricité avait été inventée plus tôt, dieu seul sait ce qu'il serait devenu !

Bourré pour bourré, il vaut mieux se bourrer la gueule soi-même, que de se laisser bourrer le crâne par autrui.

Enfant, tôt le matin, je traversais la ville dans un tram qui résonnait du chant de nombreux coqs.

Eh bien moi aussi, j'aurais dessiné cette petite ligne jaune sur le cou du fou de Bassan !

L'auto-détermination consiste aujourd'hui à déranger un algorithme.

Elle avait fait un saut dans l'inconnu, mais elle s'était mal reçue.

Une fois mort, il fut pris d'une nostalgie immense.

« À deux doigts » est l'expression que je préfère, quelles perspectives elle offre !

Toute société a besoin d'étiquettes pour vendre son plan d'entraînement à la docilité, et ça va du fidèle au performant.

L'espoir ne meurt jamais, après la bataille, au milieu des cadavres, la plupart des fusils demeurent intacts.

Les mots ne sont que des amuse-bouche, c'est le grand silence le plat de résistance.

Protecteur des riches, défenseur des pauvres, il était à lui seul le suffrage universel.

Nous serons bientôt 12 milliards de killers et de winners, de guerriers et de battants, ça promet une belle foire d'empoigne.

Son plus grand bonheur était de frapper à sa porte et puis de voir sa femme ou l'un de ses enfants lui ouvrir.

D'après Einstein, la terre serait couchée sur un lit qui a pris la forme de son corps. On comprend maintenant ses cheveux hirsutes devant une pareille découverte.

Polichinelle m'a confié son dernier secret, mais celui-là je ne le dirai pas.

Quitte à me pendre, autant me pendre à son cou.

On sent bien aujourd'hui que les anges ont reçu plus que leur part, ils sont un peu sur l'aile.

Celui qui a toujours le mot pour rire devrait le rendre !

Le clergé a souvent déclaré sa flamme aux sorcières.

Plus il montait, et plus il sentait une désagréable odeur d'herbe coupée sous ses pieds.

Ne polluons pas le ciel, il y a encore tant de promesses en l'air.

Les gens ont une telle méfiance de leurs voisins, qu'ils ont loué des dieux pour les surveiller.

Il prenait toujours un pas d'avance sur le présent, ensuite seulement il se retournait et revenait sur ses pas.

Le temps est une corde que l'on commence par mesurer pour ensuite se prendre les pieds dedans.

Ce qui ne nous rend pas plus fous nous rend idiots.

Ce qui est pénible dans la solitude, ce n'est pas d'être seul, c'est de rester en tête à tête avec soi-même.

C'est beau le visage d'un hypocrite, on peut y apercevoir toute la variété infinie des nuances et des métamorphoses dont un homme est capable.

Le match est incertain, j'ai un adversaire de taille au fond de moi.

Il est inutile de balancer ses peurs sur la gueule des autres, ça ne changera rien.

Ce monde est une farce sur un tréteau, alors rions et buvons !

Il avait tellement entendu de merdes dans sa vie, qu'il lui fallait maintenant une brosse à chiottes pour se curer les oreilles.

Complément d'information - Ni dieu, ni maître, ni marché !

Fuir en avant, fuir en arrière, qu'importe ! l'important est de ne pas rester planté là comme une andouille.

Embellir ce que l'on trouve déjà beau est un beau projet.

Il était une vaste montagne, où des bergers envoyaient leurs troupeaux se massacrer mutuellement pour gagner une parcelle de pâturages.

Dieu me disait dernièrement : « Attends ! ça va passer ... ».

Toute vie n'est qu'une ligne dans une immense surface, inévitablement chacun pense qu'elle est mal tracée et que sa trajectoire est plus ou moins ratée.

Nous qui faisons de la prose sans le savoir, nous élaborons nos rêves de la même façon.

Ce n'est pas demain la vieille, répétait-elle en se maquillant.

On ferait mieux de faire les choses à l'autre moitié.

Sincèrement, vaut mieux être dans de beaux draps que de coucher dehors.

Même dans l'arc-en-ciel, le jaune aussi autrefois a dû porter son étoile.

Si dieu avait créé l'homme comme tout le monde, il aurait été plus humain.

À cœur baillant, rien d'extensible.

Les dégoûts et les douleurs, ça ne se discute pas.

Il parlait sans cesse pour la cause toujours !

Faites vos jeux, les jeux sont faits, rien ne va plus, voilà un résumé saisissant de mes amours.

Autrefois, les anciens dieux buvaient du nectar, mais malheureusement ils avaient tout bu quand ils ont passé le relais.

Ce fantôme qui hante mes nuits sous un drap a des formes généreuses.

Prenons quand même nos précautions, si le rire est souvent un bouclier il est aussi une passoire.

Et combien se sont livrés à corps perdu dans cette bataille ?

Ce n'est pas en donnant l'exemple au premier venu, que d'autres le suivront.

Mais bien sûr que les briseurs de grèves prennent leurs congés payés !

Vivez comme vous l'entendez, voilà qui n'est pas tombé dans l'oreille d'un sourd.

Regardez plutôt le monde par le trou de la serrure, tout y retrouve ses véritables dimensions.

Une femme ne veut pas toujours se dévoiler.

Son métier était de surveiller la nuit, et surtout de s'assurer que chaque matin, elle aille bien se coucher pour laisser la place au jour.

Si j'étais dieu, je démentirais.

Quand la marotte du bouffon survole l'histoire, elle est bien embarrassée de choisir à qui se donner.

Le souvenir de ma mère, je le porte au milieu du ventre.

Dans ce couple, c'est elle qui prenait les choses en mains, pendant que lui se gorgeait d'importance.

Au bilan, le pire, c'est ce qu'on n'a pas fait.

Le rire est une déclaration de paix.

Devant mauvaise fortune, bunker !

N'avoir rien à dire n'empêche personne de le répéter partout.

Si le temps est de l'argent, attendons-nous à un krach historique.

Il n'avait jamais rien dit de sa pensée, il s'était contenté de la rassembler minutieusement dans un cahier, que ses héritiers s'étaient empressés de brûler.

C’est en frottant sa peau contre une autre, qu’on apprend à faire du feu.

Concentration et dilution, c’est le rapport entre amours illégitimes et légitimes.

Il avait un épi de blé dans les cheveux, souvenir d’un après-midi d’été où ses parents s’étaient allongés sans encore penser à lui.

Personne ne pense à la honte de l’aiguille qui a dû épingler un papillon.

Objectivement, je ne peux pas vraiment parler de culture et de connaissance car tout ce que j’ai vu et appris dans ma vie fut faussé par ma présence.

Les urnes sont de plus en plus épaisses, on n’entend plus les voix.

Si nous voulons voir plus loin, montons par-dessus nos épaules.

Il est temps de faire robot arrière.

On avait engagé un comique à gages pour lui tirer un sourire en plein visage.

La guillotine ? fallait mieux rendre l'appareil !

Au niveau croyance, je pense plutôt que nous sommes dans une éprouvette.

Celui qui ne décide de rien se contente d'interdire.

Un homme qui cesse de rêver est un homme qui s'endort.

Et puis il y a surtout qu'un polyglotte n'ose pas affronter sa langue.

Il faut apprendre à marcher au pas du tout.

Il n'y a pas de mauvais sujets, c'est le monde qui manque d'inspiration, et ce n'est pas une raison pour jeter tous les brouillons en prison.

L'enfance est courte, je n'ai pas eu le temps de vider la mer avec mon petit seau de plage.

Quand je pense qu'il est possible que les portraits de certains de mes ancêtres soient dans un tableau de Breughel l'ancien !

Le bonheur est comme un grand tapis de neige, beau et blanc, sous un soleil ardent.

Si Munch a peint « Le Cri », c'est parce qu'il savait que les grandes douleurs sont muettes.

Ils s'étaient rencontrés lors d'un bal masqué, il fallait voir leur tête le lendemain !

Il y a des matins où le soleil aussi aimerait faire taire le coq.

Il est parfaitement inutile de consacrer son temps à vieillir, c'est une voie sans issue.

La nuit on ne voit pas, mais tout ce qui existe pendant le jour y est.

L'ignorance n'est pas arrogante comme certains le prétendent, autrement elle ne s'ignorerait pas elle-même.

Bon, les idées d'un côté, l'histoire de l'autre, en avant-marche et chacun de son côté !

Les hommes passent leur vie à vouloir combler leurs trous.

La femme est un Homme par la majuscule, alors que l'homme en reste souvent à sa minuscule.

Au lit, je m'allonge.

Dans l'histoire du communisme, il y eut de grands héros du capitalisme.

Ne stresse pas mon fils, gâte-toi lentement !

Quand dieu se créa lui-même, il l'oublia aussitôt.

Ils avaient bu ses paroles jusqu'à ma nausée.

Attention à tous, la saison de la chasse va commencer, on a vu les premiers lapins armés dans les rues.

Comme la vis et l'écrou, ce n'est bien souvent qu'une question de compatibilité.

Dans ce all in, il y avait file au buffet et barbelés autour des poubelles.

Tu es mon livre de chevet, me murmura-t-elle amoureusement, je sus dès lors que mon temps était compté.

Quand on te dit rappelle-toi, c'est que tu t'es trop éloigné et que tu dois revenir.

J'ai découvert la photo d'un éléphant dans un vieux livre, ce devait être impressionnant à voir en vrai.

L'homme est-il crédule par peur de l'Inconnu ?

La vérité c'est que même quand une rivière rencontre un fleuve, ils finissent au lit.

Comme je crois que le paradis doit ressembler à mon jardin, je me contenterai de celui-ci.

On devrait étudier l'importance des monarques dans l'histoire, au nombre de leurs victimes.

Le plus grand adversaire de l'homme est la réalité, c'est à celui qui transformera l'autre. Pour le moment, l'homme a le dessous.

Au moins aux calendes grecques, le temps aussi se repose.

Il aurait bien voulu aller se faire foutre, mais pas tout seul !

Le progrès c'était que les esclaves il fallait les loger et les nourrir et que les ouvriers pas !

Je m'étonne toujours de l'état dans lequel on retrouve le passé.

Voter est devenu le geste de tous pour préserver les minorités privilégiées.

Ce qui apparaît le plus clairement dans ce paysage, c'est tout ce qui a disparu.

Seul l'instant a le don d'ubiquité.

Chassez le surnaturel, il revient au petit trop.

Il faut croire que c'est contagieux, la science aussi rêve maintenant à son paradis céleste.

C'est quand la porte claqua qu'il se souvint de leur première montée d'escaliers.

Pourquoi s'obstine-t-on à faire pousser les enfants dans un sol pollué, à les arroser d'eau saumâtre, pour ensuite les couper en pleine floraison et les laisser lentement se faner dans un vase ?

Qui nous dit que notre planète n'est pas qu'une pellicule sur la tête d'un pauvre type ?

C'est bien beau d'enfermer la justice dans un palais, mais il faudrait tout de même la laisser sortir de temps en temps.

Ma fille m'attendait au détour d'un chemin, je suis très heureux d'avoir pris par ce côté, car c'était vraiment une belle surprise.

Il m'a toujours fallu un geste d'autrui pour rompre avec mon indécision.

Comme tout le monde, il n'était pas comme tout le monde.

Dans son bureau, toutes les responsabilités qu'on lui avait données étaient exposées dans une vitrine.

Il avait l'instinct de propriété très développé, sauf pour lui-même, il appartenait tout entier au système.

Ils s'aimaient en secret, et chacun d'entre eux avait envoyé son corps dans ce rêve érotique clandestin.

Ma mémoire n'en fait qu'à sa tête !

Si le temps emporte tout, tout doit bien être quelque part.

Mon amour disait-il, ton amour disait-elle.

L'innocence sera un jour coupable si elle ne crie pas davantage.

Comme deux mots en disent déjà moins qu'un seul, on peut en faire des phrases pour ne rien dire !

Il aurait bien donné sa chemise, de toute façon, elle ne lui plaisait pas et il en avait d'autres.

Ils avaient remué beaucoup d'or pour trouver un peu de terre.

Cette société est un assemblage aussi fragile que la porcelaine et je ne m'étonne pas qu'on élimine d'abord les éléphants.

Nous sommes tous nés d'un orgasme masculin et parfois aussi féminin.

Ce qui nous différencie de la salade, c'est que son cri d'agonie est muet alors que nous nous contentons d'être sourds.

La liberté est une mais malheureusement divisible.

Les cordonniers ont rendu plus de services à l'humanité que n'importe quel banquier.

Il n'aurait jamais dû la dévorer du regard, maintenant elle lui sortait par les yeux.

Quand ce matin-là, le soleil est entré dans la chambre, on lui a fait une place dans le lit.

C'est le chat de la voisine qui a interrompu ma conversation avec mon ami le merle.

La rime, c'est le rappel qu'on n'en aura jamais fini.

Faut pas pousser ! leur avait-il ordonné, avant de les semer.

Si vous ne lui dites pas que sa canne est blanche, il ne saura jamais qu'il est aveugle.

Il a vaincu cette montagne, c'est bien une idée d'homme ça !

On ne peut pas toujours vivre dans ses souvenirs, et avec les traditions et les coutumes c'est pareil !

Les exceptions confirment la règle mais souvent les carnivores ne se mangent pas entre eux.

Notre civilisation a disparu derrière un mur, et personne ne sait où elle est passée.

Il faut croire qu'on s'attend toujours à quelques rencontres, car je n'ai jamais vu quelqu'un se faire enterrer ou incinérer tout nu.

Il traînait ses pieds de force jusqu'à son bureau.

Je tente d'être un accommodement raisonnable de moi-même.

La liberté est une discipline sévère et contraignante, il faut se soumettre à un entraînement rigoureux.

Dans discipline, il y a disciple, et c'est déjà beaucoup trop.

Il en pensait moins pour autant, chacun a ses tarifs.

On devrait souvent suspendre nos jugements, comme les saucisses qui attendent de sécher pour être consommées.

Une pensée originale est une exception qui ne confirme pas la règle.

Il avait donné sa vie mais jamais rien de plus.

Les Jivaros ont pris le pouvoir et nous n'aurons bientôt plus assez de tête pour nous en apercevoir.

Quand j'ai rencontré l'amour la première fois, je suis d'abord allé vérifier au dictionnaire.

Le pauvre, à une lettre près ! il fallait le voir maintenant dans cette histoire, avec son chameau sur la tête.

« Et tu oses me répondre ?! », « Réponds-moi quand je te parle ! », d'après mes statistiques, ces deux locutions sont les plus utilisées pour engueuler un enfant.

Rappelle-toi Cécile, il pleuvait ce jour-là sur Charleroi. On ne sait pas pourquoi certaines phrases entrent dans la postérité et d'autres pas.

Nos besoins sont de plus en plus conséquents, nous finirons par boucher les toilettes.

Business is business, mais pourquoi toujours parler en anglais ? Les saloperies sont des saloperies, c'est tout !

Sur un visage ridé, se dessine la carte du chemin déjà parcouru.

Comme elle était expulsée, elle s'était pendue à la crémaillère.

La vérité est très coquette, elle a une vaste garde-robe et elle est toujours à la mode.

Mais quelle circulation entre l'homme et le singe, et dans les deux sens !

Il ne s'agit pas de dégager la forme mais d'explorer la variété infinie.

Prenez la peine du bonheur, il en sera d'autant plus heureux.

Ce gros bonnet n'a absolument pas la tête pour le remplir.

On est beau que d'un regard.

Si notre passé devenait notre avenir, nous serions faits comme des rats !

C'est une toute petite pensée qui a chassé mes grandes idées.

En réalité, nous ne savons rien, et en vérité, ça se discute.

Après cette dernière leçon, on lui retira la cédille.

Je suis désolé mais les rêves ont besoin d'exercice, il est trop facile de les remiser dans le sommeil.

L'universel, c'est probablement ce qui est particulier à chacun.

Celui qui vous parle, en général vous interrompt.

Quand son enfant grandit, on devient plus petit.

Sur les vieilles photos, mon pays porte tantôt un chapeau melon tantôt une casquette d'ouvrier.

Jésus marchait sur l'eau quand il glissa sur une pierre mouillée.

Allez bougeons ! Allons-nous coucher…

Quand ils se mettent tous en rangs d'oignons, je pleure.

La désespérance n'excuse pas tout, j'ai toujours considéré qu'Hiroshima mon amour était un peu exagéré.

Il y en a qui passent à côté de leur vocation, ce haut manager aurait fait une excellente aide-ménagère.

Il était revenu sur ses paroles car il avait encore perdu l'occasion de se taire.

L'homme a malheureusement en son milieu tout son contour.

Si j'ai un regard sur la vie, c'est bien qu'on n'y voit pas à deux pas dans ce brouillard.

J'ai l'amour soliflore.

C'est quoi cette petite ligne dans le rétroviseur ? Une éraflure ? Non, ma vie !

Chaque matin, il prenait une poignée de main qu'il distribuait ensuite à ses électeurs.

On voit toujours mieux juché sur une petite marche alcoolisée.

Quand les bruits courent, c'est qu'ils veulent échapper à la vérité.

Comme elle avait les yeux plus grands que le ventre, les jumeaux qu'elle attendait s'y étaient confortablement installés.

C'est en vérifiant les coutures de l'histoire qu'il s'aperçut qu'elle était cousue de fil blanc.

Le propre d'une évidence c'est de passer inaperçue.

Si l'âme pèse vraiment 21 grammes, c'est vrai qu'il vaut mieux qu'elle parte en pet.

Et si l'éjaculation s'était faite dans la douleur ? Voilà qui aurait pu tout changer ...

Je crois avoir réussi ma vie, j'ai à peu près réalisé tous mes cauchemars.

Fondée en 2011 par Styvie Bourgeois et Jean-Philippe Querton, Cactus Inébranlable est une maison d'édition wallonne, indépendante, autonome, impertinente et alternative.

Catalogue

Les P'tits Cactus

Des capiteuses pensées, Jean-Philippe Querton, 2011
Les pAnsées (Tome 1) Le ridicule ne tuba, Jean-Philippe Goossens, 2013
Les pAnsées (Tome B) Duo de la fadaise, Jean-Philippe Goossens, 2014
Vos gueules les muettes !, Massimo Bortolini, 2013
Comment abandonner convenablement son chien durant les vacances, Dr Lichic, 2013
Le pas sage à l'acte, André Stas, 2014
L'Ouvroir des Brèves de Comptoir Potentielles, Collectif Oubrecpo, 2014
Sans me soucier de descendre du singe, Georges Elliautou, 2014
Grand cru bien côté, Éric Dejaeger, 2014
Squelettes au haras, Jean-Philippe Querton, 2014
Ces palabres qui cachent l'aphorisme, Paul Guiot, 2014
Demain, on phrase gratis, André Stas, 2015
Coup du matin, coup du lapin, Massimo Bortoloni, 2015
Idées Noires (sur fond sombre), Dominique Saint-Dizier, 2015
Pensées nyctalopes, Jean-Loup Nollomont, 2015
Les texticules du Diable, Jean-Luc Dalcq, 2015
La rechute d'Icare, Michel Delhalle, 2015
Sans envie de rien, Jean-Louis Massot, 2015
Chimères bleues, Jean-Philippe Querton, 2015
Courts, toujours !, Éric Dejaeger, 2015
Le fruit des fendus, Patrick Boutin, 2016
Divers faits, Jacques Sternberg, 2016
Des lettres de la Voie Lactée, Alain Helissen, 2016
Indocile Heureux, Dominique Saint-Dizier, 2016
Double sens unique / Unique double sens, David Greuse / Freddy Tougaux, 2016

L'esprit fera peur, Mickomix, 2016
Les Hamsters de l'agacement, Francesco Pittau, 2016
L'ampleur des astres, Thierry Roquet, 2016
(L')armes à feu et à sang, Jacky Legge, 2016
Blasphèmes à tout vent, Marc Tilman, 2016
Qui mène me suive, mirli, 2017
Les concombres n'ont jamais lu Nietzsche, Serge Basso de March, 2017
Minute d'insolence, # 34 Jean-Philippe Querton, 2017
Anecdoctes, # 35, Dr Lichic, 2017
Pourquoi je ne vote pas et autres inédits, # 36, Raoul Vaneigem, 2017
Les écrivains nuisent gravement à la littérature, # 37, Éric Allard, 2017
Conversations avec un pénis, #38, Styvie Bourgeois & Emelyne Duval, 2017
C'est meilleur que n'importe quoi, # 39, Sammy Sapin, 2018
La mort à petites bouchées, jane agou, # 40, 2018
Les Pets de Damoclès, André Stas, # 41, 2018
Pensées b'anales et idées courbes, Dominique Saint-Dizier, #42, 2018
Les coureurs avaient de ces bouilles, Éric Dejaeger, #43, 2018
Les pAnsées, tome 3, La flûte en chantier, Jean-Philippe Goossens, #44, 2018
Journal d'un mégalo, Jean-Jacques Nuel, # 45, 2018
Totems et tributs, Ben Parva, # 46, 2018
Nid'yeux Nichons, Jean-Luc Dalcq, # 47, 2018
Cécité interdite, Jean-Loup Nollomont, # 48, 2018
Tout est provisoire même ce titre, Mix ô ma prose, # 49, 2019
Derrière l'envers du décor, Joaquim Cauqueraumont, # 50, 2019
HAPAX – 2000 L'odyssée de l'extase, mirli, # 51, 2019
L'horizon se fait attendre, Paul Lambda, # 52, 2019

Anthologie

Belgique, terre d'aphorismes - Anthologie subjective, Michel Delhalle, 2018

Collection poPoésie

Théorie et pratique du haïku raté, Roger Lahu & Hozan Kébo, 2018

Cactus Poche

Buiten, roman, Michaël Lambert, 2018
L'homme à la Chimay bleue, Jean-Philippe Querton roman (réédition), 2018

Collection Pamphlet

La dernière convocation, Christine Van Acker, 2017

Recueils de nouvelles

Assortiments de crudités, collectif, recueil de nouvelles érotiques, 2013
Un dernier ver ? Michel Thauvoye, 2016
Le petit Jésus et la vie sexuelle des poètes, Éric Dejaeger, 2016
Ma voisine a hurlé toute la nuit, Anne-Michèle Hamesse, 2016
Contes espagnols, Lorenzo Cecchi, 2016
T'as des nouvelles de JPé ?, Jean-Philippe Querton, 2016
Outrages de dames, Isabelle Simon, 2017
Blues Social Club, Lorenzo Cecchi, 2017
Le neuvième orgasme est toujours le meilleur, Anne-Michèle Hamesse, 2019

Collection Cactus Noir

La saga Maigros, Éric Dejaeger, 2011
L'homme à la Chimay bleue, Jean-Philippe Querton, 2012 (réédition en format poche en 2018)
Mallaurig, Gauthier Hiernaux, 2012
Dis, petite salope, raconte-moi tout..., Olivier Bailly, 2012
Galop décès, John F.Ellyton, 2012
Les Perdants, Jean-Philippe Querton, 2013
L'important, c'est la sauce, Michel Thauvoye, 2013
Un privé à bas bilan, Éric Dejaeger, 2013
Fume, c'est du belge, John F. Ellyton, 2014
La Fraternité des Atomes, Gauthier Hiernaux, 2014
Maigros se marie, Éric Dejaeger, 2018

Romans

L'Albert Audoulin ou du parallélisme des voies ferrées, Jean-Marie Vermande L'Herm, 2014
La sortie est au fond du couloir, Jacques Sternberg, roman inédit, 2014
Et que l'ongle soit réincarné !, John P. Barrywell, Traduction : Jean-Paul Verstraeten, 2015
Déséquilibres ordinaires, Françoise Steurs, 2017, Prix Mons Livre 2017
La suite !, Georges Elliautou, 2018
Un orval des ors vaut, une aventure du Poulpe, John Ellyton & Éric Dejager, 2019

Humour

Mijn vader is groot ou Comment je suis devenu un con qui ne parle pas le néerlandais, Dominique Watrin, 2011
Grand, biesse et méchant, Dominique Watrin, 2012

Un cactus dans le waterzooï, Jérôme de Warzée, illustré par Kanar, 2012
Calmez-vous ! (Livre-CD), Jean-Michel de Beyne-Heusay, 2013
On n'est pas pressés, Sic et Pad'R (Préface de Jean-Luc Fonck), 2013

Les autres

La méthadone m'a tué, Giovanna Piras & Jean-Philippe Querton, 2013
La poésie habite au 21, collectif Unimuse, 2015
Animaux Sapiens, Bobette Jouret, 2017
Contes sur le tapis, Miris, 2018
Contes sur le tapis – Le spectacle, Miris, 2019

Tous ces titres sont disponibles
chez les libraires ou
sur simple commande adressée à
cactus.inebranlable@gmail.com

En France, les ouvrages de
Cactus Inébranlable éditions
sont distribués par
la Librairie Wallonie-Bruxelles
librairie.wb@orange.fr

ACHEVÉ D'IMPRIMER DANS
L'UNION EUROPÉENNE
POUR LE COMPTE DE CACTUS
INÉBRANLABLE ÉDITIONS
EN MAI 2019

ISBN 978-2-930659-96-1
DÉPÔT LÉGAL JUIN 2019